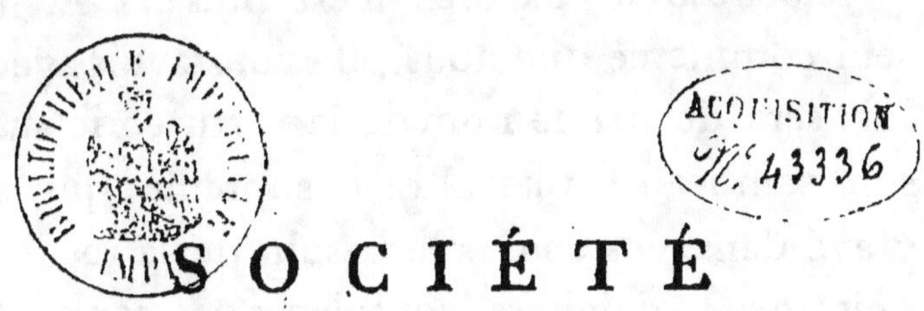

SOCIÉTÉ

DES AMIS DE LA CONSTITUTION.

Strasbourg, Séance du 20 Juin 1791.

G ASPAR NOISSETTE Président, a dit:

M ESSIEURS,

V ous sentez tous dans ce moment combien il est affreux de perdre ceux qui nous
furent chers. Vos traits portent le caractère
sombre de la douleur sans espérance : sem-
blables maintenant à ces orphelins, qui dans
les ténèbres de la nuit ou dans les illusions
d'un songe, ont embrassé le fantôme de
leur père, le souvenir de ces embrassemens
fait frissonner tout leur corps et glace leur
sang. C'est avec la même horreur que nous
nous rappellons le coup qui a frappé notre
ami.

Théodose le Barbier n'est plus !.. Et le seul commerce que nous puissions avoir avec lui, sera de lire le nom de la vertu écrit sur son tombeau ; mais l'Être suprême qui a gravé dans vos coeurs le besoin de la reconnoissance , daignera consoler vos maux et adoucir vos regrets. Quelle satisfaction de pouvoir vous apprendre combien dans ses derniers momens Théodore le Barbier a joui du bien qu'il avoit fait !

La dissolution de la nature n'a rien d'effrayant pour l'homme qui toute sa vie a été juste. L'ennemi seul de la vertu doit frémir au bruit de la foudre et à l'aspect des nuages qui la renferment. Le vrai Citoyen attend sa mort avec le caractère intéressant que donne la paix du coeur. Il a joui de l'amitié et des tendres sentimens de père quand son corps étoit glacé. Il a voulu épargner à son fils la douleur de le voir lutter contre sa destruction; il l'a fait retirer , pour que ses regrets ne troublassent point la douceur qu'il avoit de quitter la vie avec la pensée d'avoir fait tout le bien qu'il avoit désiré.

Vous avez un devoir à remplir ; la mort met le dernier sceau à la mémoire des hommes. Vous savez de quel poids étoit chez les Egyptiens, le jugement que l'on prononçoit sur les Citoyens après leur mort.

Exerçons parmi nous ce sacré ministère. Rendons un hommage pur au souvenir de Théodose le Barbier. Que l'amitié et la reconnoissance élève un monument au fondateur de cette Société.

Il n'y aura sur ce tombeau aucun de ces attributs effrayans avec lesquels nos éducations d'esclaves cherchent à nous faire peur de la mort, ce dernier bienfait de la nature ; mais on y verroit le symbole d'une vie immortelle.

Une simple pierre placée sur son tombeau porteroit une couronne civique, dans laquelle seroit gravé : François-Louis-Théodose le Barbier, Citoyen vertueux.

Au bas on liroit.

La Société des amis de la Constitution à son fondateur, mort le 18 Juin 1791, l'an second de la Liberté.

———

Je demande que la Société arrête que tous ses membres porteront son deuil pendant trois jours ; et que séance tenante elle envoye une députation à Jean le Barbier, pour lui exprimer les regrets de la Société, et pour proposer à ce jeune Citoyen de la plus belle espérance, pour modéle de toutes ses actions, les vertus et l'amour de la liberté, qui ont fait chérir son père de tous les bons Citoyens.

———

Le Président finit de parler, un long et morne silence exprima le profond sentiment dont la Société étoit affectée : elle arrêta par acclamation, et à l'unanimité, toutes les mesures que venoit de lui offrir son Président, et que son discours seroit imprimé et envoyé à toutes les Sociétés correspondantes avec la nôtre.

*Un imprimé de M. Achard dit Bonvouloir dans
lequel par une suite de mensonges, et de calom-
nies il inculpe les principes de la Société des
amis de la constitution et le patriotisme des
sous-officiers et soldats de la garnison de Strasbourg et leur soumission à la loi, ayant été
mis sur le bureau, la société pour témoigner
le souverain mépris qu'elle fait de cette piéce,
a arrêté qu'elle se contenterait de faire imprimer
les certificats authentiques qu'elle a obtenu des
Corps Administratifs et Municipal ainsi que
des généraux.*

DÉLIBÉRATION
DU DIRECTOIRE
DU DÉPARTEMENT DU BAS-RHIN.

Dû Mecredi quinze du mois de Juin 1791.

Une Députation de la société des amis de la
constitution de Strasbourg, s'est présentée au
Directoire pour lui témoigner combien elle
avoit été sensible à une dénonciation faite

contre elle à l'Assemblée nationale par M. Achard Bonvouloir , qui là représenté comme cherchant à séduire les soldats , à détruire, par des discussions, auxqu'elles on les admet, toute espèce de discipline, à les porter à méconnoître tous leurs devoirs et à les préparer à séconder, les armes à la main, des motions incendiaires. Que pleine de confiance dans le Corps administratif supérieur, elle esperoit qu'il voudroit bien rendre justice à la pureté des motifs qui n'ont cessé de l'animer et la mettre à même de démentir les fausses assertions que l'on s'est permises contre elle; Ouï le Procureur-Général-Syndic :

Les Administrateurs du Directoire du Département du Bas-Rhin , ont arrêté de consigner sur leurs régistres, qu'il n'est point parvenu à leur connoissance que la société des amis de la Constitution de cette ville , ait jamais cherché à fomenter aucune division entre les soldats et leurs officiers, qu'elle s'est , au contraire, toujours efforcée de maintenir une subordination établie par des loix auxquelles elle n'a cessé de manifester sa soumission et son attachement.

Arrêté, en outre que copie de la présente délibération sera adressée à la société des amis de la Constitution de Strasbourg, à telles fins que de raison.

ELVERT, Vice-Président.

HOFFMANN ,
Secrétaire - Général.

EXTRAIT

Du Régistre des Délibérations du Directoire du District de Strasbourg , le Mecredi 15. Juin 1791.

Sur la demande verbale faite au Directoire du District de Strasbourg, par une Députation de la société des amis de la Constitution, établie en cette ville, qu'il veuille manifester son opinion sur la dénomination de M. Bonvouloir à l'Assemblée nationale, portant, que la dite société en admettant dés soldats Citoyens dans son sein, a excité et autorisé l'indiscipline dans les troupes de ligne.

Ouï le Procureur-Syndic :

a

Le Directoire dud. District s'empresse de rendre aux amis de la Constitution établie à Strasbourg, la justice qui leur est duë, en attestant que bien loin d'inciter les soldats à l'insubordination et au désordre, ils ont au contraire, en les instruisant sur leurs véritables intérêts, empêché le trouble et l'insurrection, et déclare que non seulement c'est aux efforts de ces infatigables amis que les Citoyens doivent le repos dont ils jouissent encore dans cette section du Département du Bas-Rhin, mais aussi que la propagation des lumières qu'ils ont répandues a beaucoup contribué, en émoussant les traits des malveillans, à l'affermissement de la constitution et à l'exécution des décrets de laquelle dépendent le salut et la prospérité du peuple.

Signé ZIMMER, Vice-Président, et BURGER, Secrétaire.

Pour Extrait collationné BURGER, Secrétaire.

Nous les Officiers municipaux de la Commune de Strasbourg sur la dénonciation qui nous a été faite par la Société des amis de la Constitution , d'une feuille des Annales patriotiques et litéraires, sous le N°. 6,6 , et d'une autre feuille le Paquebot, sous le N°. 129 ; portant, que M. Achard, ci-devant Bonvouloir, avoit dénoncé cette Société à l'Assemblée Nationale comme ayant causé l'indiscipline de la garnison , qu'en outre dans une séance du 5 de ce mois, dix-huit sergents-majors admis dans cette Société ont pris part à la délibération ; que la motion du licentiement de l'armée a été vivement appuyée *par la garnison assemblée en armes* ; certifions que cette dernière assertion est fausse et calomnieuse , en outre que depuis que des Citoyens militaires ont été admis dans cette Société, bien loin qu'il y ait eû en cette ville aucune insubordination de leur part, ces braves militaires ont manifesté leur respect à la loi par la plus exacte subordination. En foi de quoi nous avons délivré et signé le présent certificat à telles fins qu'il appartiendra.

Fait à Strasbourg à la Maison Commune, le 18. Juin 1791.

Les Officiers municipaux de la commune de Strasbourg,

DIETRICH, Maire; HERVÉ, THOMASSIN, BRACKENHOFFER; XAV. LEVRAULT, Procureur de la Commune; RUMPLER, Secrétaire-Greffier.

La société des amis de la Constitution établie à Strasbourg, nous ayant représenté qu'il lui importe de se justifier d'imputations à elle faites au sujet de la garnison de cette ville; et qu'à cet effet la conduite de cette dite garnison envers ses officiers soit constatée par un certificat authentique.

Nous déclarons et certifions que la garnison de la ville et citadelle de Strasbourg, n'a fait aucun acte d'insubordination envers ses officiers, ni dans la ville, ni dans la plaine de fédération, où elle a manœuvré à différentes reprises.

A Strasbourg le 15. Juin 1791.

Le Commandant en Chef des troupes de ligne de la cinquième Division,

G E L B.

Le Maréchal de Camp de la cinquième Division militaire employé à Strasbourg,

K E L L E R M A N N.

Certifié conforme aux originaux déposés aux archives de la Société. Strasbourg ce 25. Juin 1771.

GASPAR NOISSETTE, Président ; KUGLER, Vice - Président ; GÉRARD, CHARLES PÉRIGNY, HOLZAPFEL, cadet, MÜLLER, Secrét.